MANUAL DE FÚTBOL

Helen Edom y Mike Osborne

Mike Osborne es profesor titular de la Universidad de Reading

Contenido

Qué es el fútbol

El fútbol es uno de los juegos más emocionantes del mundo. Este libro te mostrará las técnicas que necesitas saber para jugar. Con él aprenderás a realizar entradas, a cabecear y chutar el balón, a marcar goles y evitarlos, y a burlar a tus oponentes.

En un partido de fútbol cada equipo trata de meter el balón en la portería contraria, bien con una patada bien con un cabezazo. Todo el equipo trabaja junto. Cada jugador conoce la posición de sus compañeros y así pueden ayudarse unos a otros.

Las líneas blancas señalan las diferentes zonas de un campo de fútbol.

Los jugadores de cada equipo tratan de quitar el balón a sus contrincantes mediante lo que se denomina «entradas».

En cada equipo hay un jugador que es el capitán. Se encarga de decir a su equipo lo que hay que hacer. A mitad del partido se interrumpe el juego, es lo que se llama descanso. Después, los equipos intercambian los campos y tratan de anotar en la portería que defendieron en el primer tiempo.

centro de campo

línea de medio campo

árbitro

portero

portería

Los jugadores necesitan poder correr y cambiar de dirección con rapidez.

Cada equipo viste un conjunto, o equipación, de distinto color.

2

¿Qué necesitas para jugar?

Lo primero que necesitas es un balón. Puedes comprar uno en cualquier tienda de deportes. La mayoría de los balones son de plástico, y los hay de distintos tamaños. Para empezar, puedes comprar uno pequeño y ligero.

Las botas para jugar en hierba tienen tacos en la suela. Sirven para evitar que te resbales.

Utiliza ropa cómoda y zapatillas que no resbalen. Para jugar un partido, necesitarás botas de fútbol. Existen distintos tipos de botas según sean para jugar al aire libre o en cancha cubierta.

Puedes jugar al fútbol en cualquier lugar abierto y seguro alejado de la carretera.

Cómo utilizar los pies

A menos que seas el portero, básicamente utilizarás tus pies para manejar el balón.

Puedes mover el balón con diferentes partes del pie. Prueba con los dedos, el talón, la planta, y la parte interior y la exterior. Y prueba con ambos pies.

Es más fácil conseguir que el balón vaya a donde tú quieres si utilizas la parte interna del pie. Para hacer que el balón recorra una distancia larga, dale una patada con el empeine.

Utiliza el empeine.

Ha golpeado el balón justo aquí.

Suela

Empeine

Exterior del pie izquierdo

Pie

Interior del pie izquierdo

Talón

Los primeros toques

Imagina una línea que rodea el balón a media altura. Para hacer que el balón avance recto y bajo, dale un toque o patada en esa línea.

Si das una patada al balón por debajo de esa línea imaginaria, éste volará hacia arriba. Con este tipo de patada es más difícil apuntar.

Si te ves más torpe con uno de tus pies, ejercítalo más. Es muy útil ser capaz de dar patadas al balón con ambos pies por igual.

Un buen control del balón

Necesitas poder controlar el balón realmente bien, o de lo contrario los otros jugadores te lo robarán. Estos ejercicios te ayudarán.

Empieza haciendo rodar el balón con la planta del pie hacia el lado que prefieras. Inténtalo cada vez con un pie.

Apoya el pie en la parte superior del balón. Después, haz rodar el balón a un lado hasta que tu pie toque el suelo.

Retrocede hacia el otro lado, hasta que el pie toque el suelo por el otro lado. Procura no tambalearte.

Realiza este ejercicio con ambos pies. Y asegúrate de que tu pie toca el balón todo el tiempo.

Malabares

Lanza el balón a esta altura.

Utiliza la parte superior del pie.

1. Lanza el balón al aire (no debería subir más allá de tu cabeza) y deja que bote una vez.

2. Cuando el balón vuelva a subir, dale un toque suave hacia arriba. Comprueba cuántos toques puedes darle sin que se caiga al suelo.

Los futbolistas también controlan el balón con rodillas y muslos. A ver cuánto tiempo puedes mantener el balón en el aire con el muslo.

Cómo regatear

Saber regatear (o driblar o fintar) te permitirá colocarte en una buena posición para pasarle el balón a un compañero de equipo o para marcar un gol.

Mantén el balón parado, para empezar.

Utiliza la parte exterior del pie

Utiliza la parte interior del pie.

Este contrincante le ha robado el balón.

1. Parado, toca la parte alta del balón con un pie cada vez. Trata de hacerlo sin mirar.

2. Ahora, avanza con el balón. Dale ligeros toques con la parte interior del pie y después con la exterior.

3. Mantén el balón delante de ti, de tal forma que puedas verlo a la vez que controlas dónde están los demás jugadores.

No dejes que el balón se aleje mucho de ti; de lo contrario, otro jugador podría alcanzarlo antes que tú.

Carrera con regates

Marca un punto con un abrigo. Trata de ir hasta él y volver corriendo. Recuerda que en todo momento debes mantener controlado el balón.

Después, coloca varios abrigos y mochilas en línea. Intenta recorrer la línea con el balón haciendo zigzags. Utiliza la parte interior y exterior de cada pie para hacer que el balón tome diferentes direcciones.

Mira hacia el punto al que te diriges.

Mantén las piernas sueltas, relajadas y ligeramente flexionadas.

Procura no frenarte cuando zigzaguees alrededor de una bolsa.

No pares de correr cuando golpees el balón.

Un consejo para regatear

Una vez que controles bien el balón, practica a regatear frente a un oponente.

Intenta también un cambio de velocidad: primero rebasa a tu oponente y, después, esprinta.

¡No me pierdas de vista!

Mantén el balón bajo control y podrás girar o parar rápidamente.

Ambos jugadores pueden hacer señales.

Éste es un juego por parejas, con el que practicarás no perder de vista al resto de los jugadores mientras estás regateando. Los dos jugadores cogen un balón y empiezan a regatear. Cada uno debe tener un ojo puesto en el otro jugador.

En cualquier momento, uno de los dos puede levantar una mano; entonces, el otro tendrá que pararse. Pero también puede señalar en una dirección; e inmediatamente el otro jugador tendrá que ir en la dirección indicada.

7

Cómo pasar el balón

Una técnica muy importante en fútbol es saber pasar el balón a los compañeros de tu equipo. Con buenos pases es posible llegar con el balón muy cerca de la portería contraria y que un jugador marque gol. Cuanto mejor pases, más posibilidades tiene tu equipo de golear.

Extiende los brazos hacia fuera para equilibrarte.

Pase corto

Es más fácil apuntar con la parte interna del pie.

Cuando pases, recuerda apuntar bien con el balón. Los pases cortos son más precisos que los largos.

Coloca un pie junto al balón. Mantén ese pie mirando hacia delante. Gira el cuerpo ligeramente hacia un lado.

Golpea el centro del balón con el interior del pie. Deja que tu pierna bascule hacia arriba a medida que el balón se mueva.

Detener el balón

Cuando alguien te pase el balón, mueve el pie hacia atrás en cuanto lo golpee el balón.

Si mueve el pie hacia atrás como ves aquí; el balón no rebota.

A esto se le llama amortiguar el pase.

Mantén la vista en el balón.

El talón debe estar a una altura más baja que los dedos.

Otro modo de detener el balón es «aprisionándolo».

El talón debe estar a una altura más baja que los dedos.

Cuando el balón te llegue, levanta el pie y atrápalo bajo los dedos.

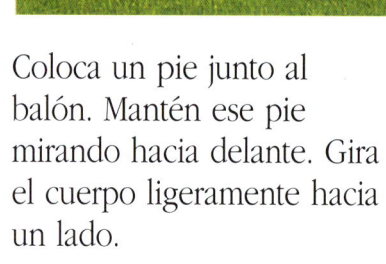

Mejora tu puntería

Pídele a un amigo que se coloque de pie a una distancia media. Pásale el balón. Mira a ver si puedes pasarle con sólo dos toques, uno para parar el balón y otro para devolvérselo. Para hacerlo más difícil, colocad dos abrigos entre ambos e intenta pasar el balón entre los abrigos.

El juego de los pases

Procura que tus pases sean lo más precisos posible.

Seguid jugando con cierta rapidez.

No dejéis que el balón salga del círculo.

En este juego, un jugador tiene el balón. Los demás trotan en círculo alrededor de él. Pasado un rato, alguien del círculo alza la mano. El jugador que tiene el balón, se la pasa.

El jugador que acaba de pasar se une al círculo. Y el jugador que tiene ahora el balón regatea hacia el centro y se prepara para pasárselo a otro.

Apuntar a portería

Si te encuentras cerca de la portería, puedes marcar gol utilizando el lateral del pie. Apunta el balón lejos del potero.

Un tiro raso suele ser más difícil de alcanzar para el portero.

Cómo pasar más lejos y más rápido

En esta doble página descubrirás cómo imprimirle más fuerza a tus pases.

Procura colocar la pierna de apoyo junto al balón.

Deja que tu pierna continúe el movimiento hacia arriba una vez que haya golpeado el balón.

Para darle una patada más fuerte y más rápida al balón, utiliza el empeine. Este movimiento te servirá para dar pases largos y para marcar goles.

Colócate detrás y a un lado del balón. Corre hacia él y dale una patada con el empeine tan fuerte como puedas.

Da la patada con los dedos hacia abajo. Mantén ambas piernas ligeramente flexionadas. Después de patear, deja que la pierna bascule hacia arriba.

Practica el gol

Prueba este ejercicio con amigos. Uno pasará el balón, otro chutará y los demás recogerán los balones.

Es mejor utilizar varios balones.

El recogepelotas.

El pasador.

El rematador.

Los recogepelotas hacen rodar el balón de vuelta hasta el pasador.

El que va a chutar, o rematador, se coloca a unos 15 o 20 metros de la portería. El pasador le pasa el balón justo por delante de él. Entonces, el rematador corre hacia delante y propina una patada al balón hacia la portería. Hay que intentar disparar sin detener el balón. Turnaos en las posiciones de rematador, pasador y recogepelotas.

Cómo parar balones altos

Utilizando
la parte alta
del pie.

Utilizando
el muslo.

Saca pecho
para que éste
se encuentre
con el balón.

Échate un poco
hacia atrás para
amortiguar el pase.

Los pases fuertes pueden o bien botar o bien venir altos hacia ti. En esos casos puedes utilizar diferentes partes del cuerpo para detener el balón.

Recuerda amortiguar el pase (ver página 8). Baja el pie o la pierna una vez que el balón aterrice, para impedir que vuelva a botar.

También puedes utilizar el pecho. Extiende los brazos y saca el pecho hacia fuera. Échate un poco hacia atrás y hacia abajo cuando el balón te toque.

El juego de los dos toques

En este juego sólo puedes tocar el balón dos veces en cada turno. Si le das una tercera vez, el balón pasará al equipo contrario. Intenta amortiguar el pase con el primer toque y pasar con el segundo.

No necesitas un campo con las líneas marcadas para jugar a este juego, pero puede ayudar. En la foto de abajo, los jugadores utilizan el círculo de un campo reglamentario para delimitar su zona de juego.

Cómo cabecear

Si el balón viene alto, puedes utilizar la frente para enviarlo a donde quieras. A esto se le llama «cabecear». Se utilizan mucho los músculos del cuello, así que conviene calentar bien antes de probar.

Calentamiento

Empuja la frente contra la mano. Intenta poner tensos los músculos del cuello.

Inclina la cabeza a un lado y empújala contra la mano. Haz este movimiento por los dos lados.

Hunde la barbilla y rueda tu cabeza lentamente de un lado a otro.

Ejercicio de cabecear

Al principio, utiliza un balón bastante blando.

Empuja los codos hacia los lados.

Aprieta los dientes o puede que te muerdas la lengua.

Al golpe del balón con la cabeza se le llama «cabezazo».

1. Sujeta el balón con ambas manos. Tira de tus codos hacia atrás y hacia los lados. Empuja la cabeza hacia delante.

2. Cuando tu cabeza toque el balón, deja que continúe hacia delante. Tensa el cuello y empuja el balón con la frente.

El juego de lanzar – cabecear – coger

Llama a dos amigos y colocaos formando un triángulo. Uno de vosotros lanza el balón a otro, que cabecea hacia el tercero.

Este último coge el balón con las manos y se lo lanza al primer jugador para que cabecee.

Cabecear el balón.

Este jugador está preparado para coger el balón.

Seguid así haciendo todo el triángulo.

Cabecear para marcar gol

Puede que tengas la oportunidad de marcar gol con un cabezazo. Procura cabecear el balón hacia abajo dentro de la portería. Así, el portero tendrá más dificultades para pararlo.

Cabezazo largo

Un cabezazo largo es muy útil para despejar el balón muy lejos de tu portería. Salta hacia el balón, arqueando la espalda.

El juego de cabecear

Puedes realizar este juego con dos equipos de tres o más jugadores. Cabecea o lanza el balón a los demás en lugar de darle una patada.

Cuando golpees el balón con la parte central de la frente, empuja la cabeza y el cuerpo hacia delante.

Golpea en la mitad inferior del balón. Así se elevará por encima de las cabezas de los demás jugadores. Recuerda mantener siempre los ojos fijos en el balón.

Solo puedes marcar gol cabeceando el balón en la portería.

13

Cómo robar el balón

Cuando se intenta arrebatarle el balón a otro jugador se llama entrar.
Tienes que conseguir el balón sin poner la zancadilla al contrario y sin utilizar las manos.

Marcar

El jugador que marca se encuentra cerca de su adversario y a la vez mira el balón. Si le pasan al adversario, el marcador tratará de robar el balón antes de que éste lo alcance.

Defender

Cuando defiendes a tu oponente, te colocas delante a un metro más o menos con las piernas flexionadas. Esto le obliga a frenar y puede que cometa algún error.

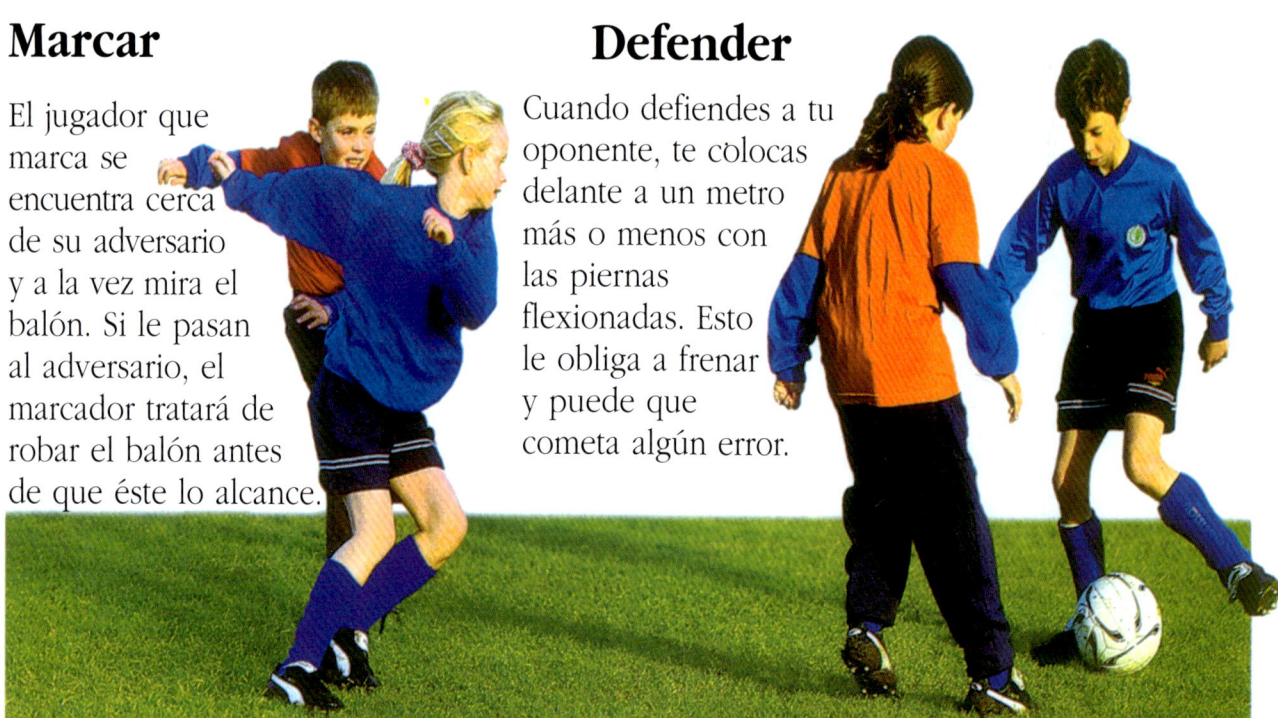

Entrar

Dobla las rodillas y agáchate ligeramente encima del balón.

Aléjate con rapidez.

Es más fácil realizar una entrada si empiezas desde un lado. Así fuerzas al otro a cambiar de dirección.

Trata de dar una patada al balón antes de que lo haga tu contrincante. Quizá tengas que dar un golpecito al balón por encima de su pie.

Asegúrate de saber qué vas a hacer después. Tienes que estar preparado para regatear, chutar o pasar a otro jugador.

Rondo

Tres o cuatro jugadores se pasan continuamente el balón unos a otros. El que la liga está de pie en el medio y tiene que intentar coger el balón. Si lo consigue, uno de los de fuera pasa a ligársela en el centro.

Los rondos te ayudan a practicar los pases y las entradas.

Este jugador acaba de robar el balón.

Busca la oportunidad de robar el balón de esta forma durante el juego.

El juego de entrar

Utilizad abrigos o mochilas para delimitar el cuadrado.

Ten cuidado de que nadie te birle el balón y lo mande fuera cuando estás entrando a otro jugador.

Marca las cuatro esquinas de un cuadrado. Cada uno de vosotros regatea un balón dentro del cuadrado. Al mismo tiempo, trata de lanzar fuera del cuadrado el balón de otro jugador.

Si tu balón sale fuera del cuadrado, quedas eliminado del juego. El ganador será el último jugador que quede.

Los barridos

En ocasiones los grandes futbolistas despejan un balón con un tipo de entrada llamada «barrido». Tú no lo intentes, sólo los jugadores muy experimentados pueden hacerlo sin hacerse daño.

Mientras este jugador se pone en pie, el otro tiene la oportunidad de recuperar el balón.

Cómo batir a tu defensor

Si tienes el balón, los jugadores del otro equipo tratarán de quitártelo. Aquí tienes algunas formas de dejarlos atrás sin perder el balón.

Movimientos serpenteantes

Parece que vas a ir en esta dirección.

Pero en realidad vas en esta otra.

Un buen truco es amagar que vas a ir en una dirección y luego ir en otra. Primero, inclínate hacia un lado como si fueses a ir en esa dirección.

Tu defensor se moverá para cortarte el paso. Tan pronto como haga esto, desplaza tu peso al otro lado y sal corriendo dejándole atrás sin perder el balón.

Tu defensor se ha quedado desequilibrado, así que tienes la oportunidad de alejarte sin que te siga. Este truco se llama fintar.

Amagar el pase

Compañero de equipo.

El defensor cree que el pase va a ir a tu compañero de equipo.

Otro truco es amagar el pase a un compañero de tu equipo.

Tu compañero de equipo también esperará el balón.

Dejarás atrás a tu defensor, que mira en la dirección equivocada.

Tu defensor se moverá para cortar el pase. En cuanto lo haga, sal corriendo rápido y déjalo atrás.

Juego del cangrejo

Delimita una calle con abrigos, igual que en la fotografía. En cada par de abrigos se coloca un cangrejo (defensor).

Los cangrejos tratarán de dar una patada al balón y quitártelo. No pueden utilizar las manos.

Los cangrejos se sientan y se echan hacia atrás apoyándose en las manos. Sólo pueden moverse hacia los lados entre los abrigos.

Trata de regatear el balón por la calle rodeando a cada cangrejo. Podrás utilizar los trucos aprendidos en la página anterior para ayudarte.

Cambio de dirección con toque encubierto

Dejarás a tu adversario clavado en el sitio.

1. Amaga que vas a darle un toque al balón para que vaya hacia delante.

2. En su lugar, eleva el pie por encima del balón y dale un toquecito por detrás de ti.

3. Ahora, gira rápido y llévate el balón en la otra dirección.

Cómo parar un gol (I)

Si eres el portero, tendrás que estar muy concentrado y moverte con rapidez. Puedes apresar el balón o bien despejarlo. Si coges el balón, tus oponentes no podrán volver a darle una patada.

Retener el balón

Para comprobar qué tal se te da retener el balón, cógelo y abrázalo contra tu pecho. Después, da una voltereta hacia delante sin soltarlo.

Cómo apresar el balón de forma segura

Mantén los dedos abiertos.

Balón alto.

Balón bajo.

Los guantes te protegerán las manos.

Este portero acaba de marcase un gol en propia puerta.

Para apresar un balón alto, mantén pegados los pulgares. Para apresar un balón bajo, mantén pegados los meñiques.

Los disparos a portería son fuertes. Cuando apreses el balón, tira de él hacia tu pecho para evitar que rebote.

Una vez que hayas parado un balón, debes seguir reteniéndolo; si lo dejas caer detrás de la línea de gol, será un tanto para tus adversarios.

Ejercicio en círculo

Con este juego puedes practicar a apresar el balón. Un jugador lanza el balón al aire y dice un nombre. El jugador nombrado tiene que ser rápido para apresar el balón.

Entonces, quien lo ha apresado lanza el balón y dice otro nombre. Podéis complicar el juego jugando con dos e incluso tres balones a la vez.

Balones altos y bajos

En ocasiones tendrás que saltar para apresar un balón alto. Llegarás más alto si despegas desde un solo pie.

O puede que tengas que lanzarte al suelo a por el balón. Prueba a lanzarte estando de rodillas, y luego estando en cuclillas. No pierdas de vista el balón en ningún momento.

Aquí tienes un portero lanzándose al suelo y saltando a por el balón.

Atrapar el balón

Podrás parar el balón con las piernas si se te escurre de las manos.

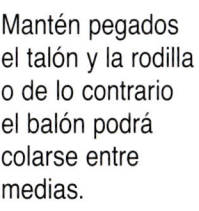

Si el balón está rodando despacio por el suelo, puedes inclinarte y cogerlo. Recuerda mantener los pies juntos.

Mantén pegados el talón y la rodilla o de lo contrario el balón podrá colarse entre medias.

Si el balón está rodando más deprisa, gira los pies hacia los lados y dobla una rodilla para apresarlo.

También puedes utilizar el pecho para parar el balón.

Puedes utilizar tu cuerpo como una barrera extra. Así todavía podrás parar el balón si no has podido hacerlo con las manos.

Cómo parar un gol (II)

Una vez que hayas parado el balón, tienes que asegurarte de que el otro equipo no lo recupera. Pásaselo a un compañero de equipo ya sea lanzándoselo, con una patada o haciéndolo rodar. Hazlo rápido antes de que tus adversarios adivinen adónde lo vas a enviar.

Patada

Para darle una patada larga al balón, déjalo caer suavemente desde la cintura y dale una patada con el empeine.

O déjalo caer, deja que bote una vez y dale una patada en cuanto empiece a subir.

Rodar

Si un compañero de equipo se encuentra cerca, agáchate y pásale el balón rodando. Un balón bajo es más fácil de controlar. Pero ten cuidado con los defensores.

Lanzar

Un balón lanzado es más rápido. Dobla el codo y empuja el balón hacia delante.

Para lanzar el balón más lejos, echa el brazo hacia atrás y trata de mantenerlo recto cuando lances.

Escoger al jugador adecuado

No le lances el balón a un compañero si está siendo defendido. El adversario puede apañárselas para quitárselo.

Procura buscar a un compañero al que no estén defendiendo, o a uno que se haya zafado claramente de su defensor.

Este jugador está defendido.

Cuando lances, apunta con el balón lo mejor que puedas.

Este jugador no está defendido.

Despejar el balón

En ocasiones no podrás llegar al balón lo suficientemente rápido como para atraparlo. En ese caso trata de despejarlo con la palma de la mano. Si utilizas la parte inferior de la palma, imprimirás más fuerza al despeje. Despeja el balón fuera del campo. Si no lo haces así, el otro equipo puede hacerse con él antes de que tú estés preparado para pararlo otra vez.

Despeja el balón sorteando el poste o por encima del larguero.

Salir de la portería

Línea de gol o de meta.

Tiene todo este espacio libre para apuntar.

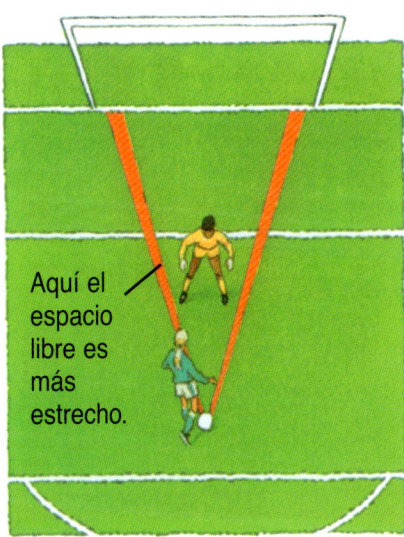

Aquí el espacio libre es más estrecho.

Procura no quedarte muy cerca de la línea de meta. Si lo haces, dejarás más espacio libre para que tu adversario pueda chutar por él.

Si sales un poco de la portería, puedes llegar al balón con mayor facilidad, dondequiera que lance el atacante. Además, dejarás menos espacio libre al que apuntar.

Ten cuidado de no salir de la portería ni demasiado pronto ni demasiado lejos. Esto daría al atacante una posibilidad mejor para que te pase el balón por encima o por un lado.

El juego en equipo

El fútbol es un juego de equipo. Ayudar a un compañero de equipo a robar o mantener el balón es tan importante como que consigas la pelota tú mismo.

Atacantes y defensores

Antes de jugar, los jugadores deciden dónde van a jugar en el campo. Los atacantes permanecen cerca de la portería contraria, de tal forma que pueden intentar marcar gol.

Los defensores permanecen cerca de su portería. Tratan de evitar que el otro equipo marque. Algunos jugadores permanecen en el centro, preparados para ayudar tanto a defensores como a atacantes. Utilizan las bandas para sortear al equipo contrario.

Tu portería.

Los defensores.

Los laterales del campo se llaman bandas.

La banda.

La banda.

Los jugadores del centro se llaman centrocampistas.

Los atacantes

La portería contraria.

Cómo hacer una pared

Aquí tienes un modo de burlar a un oponente: cuando el rival trata de coger el balón, el jugador le pasa el balón a un compañero.

El rival se girará hacia el jugador que tiene el balón. Entonces el primer jugador corre y sobrepasa con claridad al rival.

Ahora su compañero de equipo puede devolverle el balón. Esto se llama hacer una pared porque el balón va y vuelve como si rebotase en una pared.

Esquivar a un rival

Si un compañero de equipo está siendo desafiado, puede que sea arriesgado para él mantener el balón. Facilítale que te lo pase.

Ten cuidado de que el rival no se encuentre entre tu compañero de equipo y tú. Si es así, le resultará más fácil cortar el pase. Ayuda mucho que llames a tu compañero, así sabrá dónde hay otros jugadores.

Recuerda: un pase corto es más probable que llegue correctamente a su destino.

Es más seguro pasar a este jugador.

Aquí el rival está en medio.

Los cruces

Ve hacia tu compañero

Tu compañero se mantendrá entre el balón y su rival.

Esta estrategia te permite ayudar a un compañero de equipo que tiene a su rival muy encima. Ambos corréis el uno hacia el otro, hasta que pasas justo a su lado.

Tu compañero golpeará el balón para ponerlo en tu camino, con el lateral de la bota. Corre hacia el balón hasta que éste se cruce en tu camino y entonces regatea poniendo el balón a buen recaudo.

El juego limpio

El reglamento está para ayudar a que el fútbol sea más seguro y divertido. Si quebrantas una regla, el árbitro dará el balón al otro equipo para que saque. Es lo que se llama un saque libre.

El árbitro hará sonar el silbato y levantará el brazo si ve que se quebranta una regla. Si el jugador hace caso omiso, el árbitro puede expulsarlo del campo.

Faltas

Quebrantar una regla se llama hacer falta. Se considera hacer falta: dar una patada, dar un empujón o poner la zancadilla a un jugador, y tocar el balón con las manos (salvo que seas el portero).

Si el jugador que realiza la entrada toca la pierna del otro jugador y no el balón, será falta.

Saques libres directos e indirectos

Los saques libres se realizan lo más cerca posible del lugar donde se ha producido la falta. Los adversarios pueden intentar detener el balón, pero deben colocarse, como poco, a 9 metros de distancia. Hay dos tipos de saques libres: los directos y los indirectos. Con los saques libres directos, la persona que tiene el balón puede chutar directamente a portería.

Los saques directos son por falta grave. Para faltas menos graves, el árbitro marcará saque libre indirecto. Y el jugador que saque no podrá marcar gol de forma directa, deberá pasar el balón a un compañero antes de poder anotar.

Este jugador está realizando un saque libre directo.

La línea de jugadores que hay frente a la portería es la barrera.

Penalti

Si se ha producido una falta grave dentro del área, el árbitro pitará penalti. El jugador chutará el balón desde el llamado punto de penalti.

Sólo el portero puede intentar parar el balón.

El portero no se puede mover hasta que el balón sale disparado.

Fuera de juego

Esta regla se aplica sólo en el momento del pase. Si te pasan el balón, no puedes ser la persona más cercana a la portería, dos o más jugadores del otro equipo deben estar a tu misma altura o más cerca de la meta. De lo contrario, estás fuera de juego.

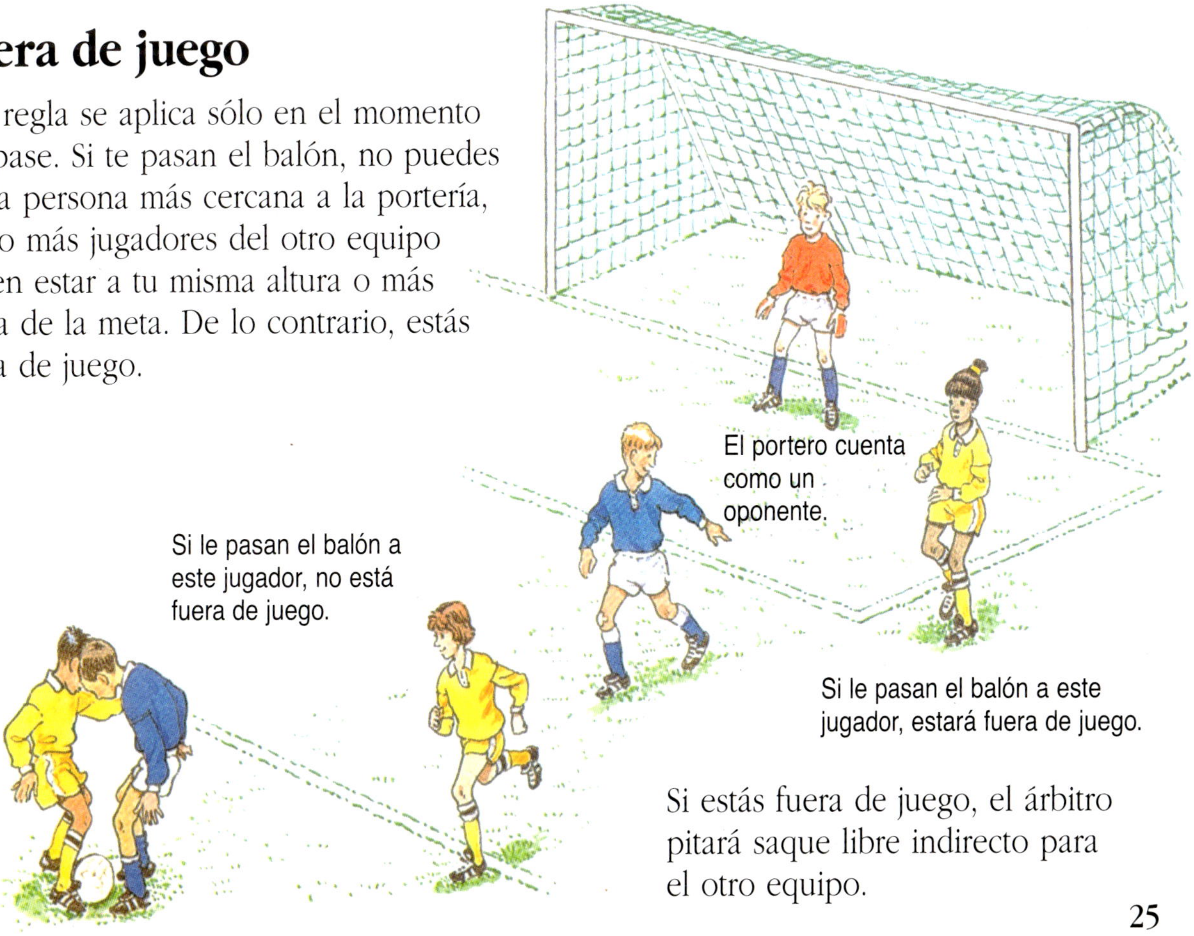

El portero cuenta como un oponente.

Si le pasan el balón a este jugador, no está fuera de juego.

Si le pasan el balón a este jugador, estará fuera de juego.

Si estás fuera de juego, el árbitro pitará saque libre indirecto para el otro equipo.

Fútbol estándar

En la mayoría de los equipos profesionales, hay once jugadores en cada equipo. El partido dura noventa minutos, con diez o quince minutos de descanso entre medias.

El jugador de la derecha realiza el saque inicial pasando el balón a un compañero de equipo.

Saque inicial

Hay un saque inicial al comienzo del partido, después del descanso y cada vez que un equipo marca gol.

Antes de empezar un partido, se lanza una moneda al aire para decidir qué equipo realiza el saque inicial.

Tras un gol, el equipo que no ha marcado realiza un saque inicial.

El árbitro coloca el balón en el punto del centro del campo. Luego pita y un jugador saca el balón.

Fuera

Las líneas que hay en los lados largos del campo se llaman líneas de banda. Las que hay en los lados cortos del campo se llaman líneas de meta. Si tocas la pelota encima de la línea, el árbitro detendrá el juego y dará el balón al otro equipo. El modo de reanudar el juego depende de si el balón ha salido por la línea de meta o por la de banda (ver página 27).

El juez de línea

En cada línea de banda hay un juez de línea. Estos jueces ayudan al árbitro a decidir si un balón ha salido fuera o si un jugador estaba fuera de juego.

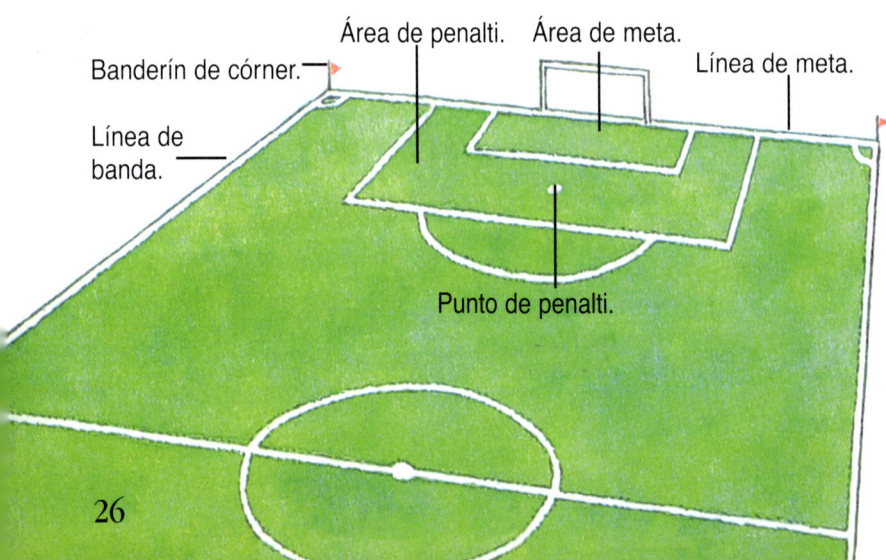

Banderín de córner.

Área de penalti.

Área de meta.

Línea de meta.

Línea de banda.

Punto de penalti.

26

Saque de banda

Utiliza ambas manos.

Mantén los pies en el suelo.

Colócate donde el balón cruzó la línea, pero fuera del campo.

Si el balón cruza una línea de banda, habrá que lanzarlo de nuevo dentro del campo. A esto se le llama saque de banda y se realiza lanzando el balón con las manos por encima de la cabeza.

Saque de esquina

El saque de esquina se realiza desde la línea de córner.

Si tocas el balón encima de tu propia línea de meta, el otro equipo tiene un saque libre directo. Es lo que se llama córner o saque de esquina.

Saque de puerta

El balón debe estar parado.

Área de meta.

Si tocas el balón sobre la línea de meta del otro equipo (pero no has marcado gol), tus contrincantes tendrán un saque de puerta desde el área de la portería.

Saques libres y saques de banda

Aprovecha al máximo los saques libres y de banda que tengas. Siempre que puedas saca rápido. Esto le dará al equipo contrario menos tiempo para prepararse.

Trata de planear siempre tus movimientos. Muchos equipos marcan la mayoría de sus goles a partir de un saque libre.

Si el equipo contrario va a sacar de banda, defiende al jugador que lanza y marca a cualquier otro al que sea probable que vayan a pasar.

El jugador que tiene la pelota está apuntando por encima de la cabeza del rival.

Fútbol siete, fútbol cinco y más

El fútbol puede ser igual de divertido si se juega con equipos más pequeños. Puedes jugar con equipos formados con un número de jugadores entre tres y siete.

Se juega igual que en un once contra once, pero en campos más pequeños. Lo que significa que a menudo pueden jugarse en cancha cubierta.

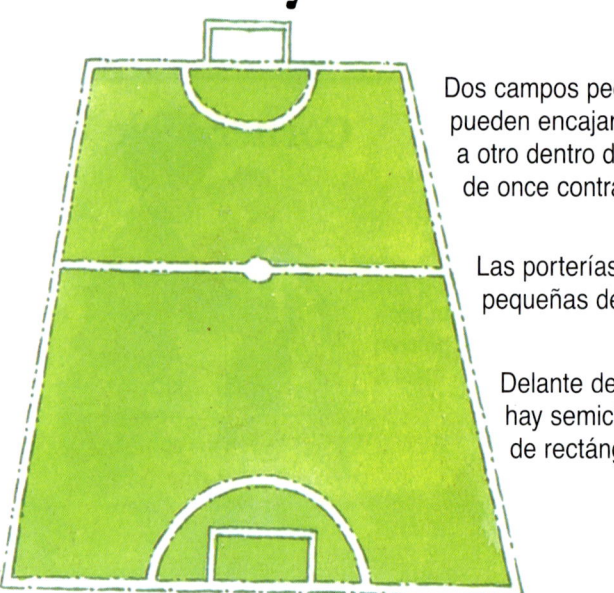

Dos campos pequeños pueden encajarse uno junto a otro dentro de un campo de once contra once.

Las porterías son más pequeñas de lo habitual.

Delante de cada portería hay semicírculos en lugar de rectángulos.

Mantener la pelota baja

Para mantener bajo el balón, golpéalo con el interior del pie.

En general, en este tipo de juego con equipos reducidos el balón no deber ir más arriba de la altura de la cabeza. Si lo lanzas demasiado alto, el otro equipo tendrá un saque libre indirecto.

Saque inicial y duración del partido

En lugar del tradicional saque inicial, el árbitro deja caer el balón entre dos jugadores, uno de cada equipo.

El juego también se reanuda así si el balón sale por la línea de banda.

Estos partidos suelen durar menos. Cada medio tiempo puede durar sólo seis minutos. Si la segunda parte acaba en empate, el juego puede continuar hasta que alguien marca un gol.

28

Área de meta

El semicírculo que hay delante de cada portería es el área de meta. Sólo el portero puede estar dentro de esta zona.

Un portero que sale del área de meta tiene que seguir las mismas reglas que los demás jugadores. Sólo puede dar patadas o cabecear el balón.

Fuera del área de meta, el portero no puede tocar el balón con las manos.

Marcar gol

Área de meta.

En estos juegos no existe el fuera de juego. Puedes pasar a cualquier compañero, pero sólo puedes chutar a portería desde fuera del área de meta.

Ronda de penaltis

Los dos equipos tienen el mismo número de lanzamientos.

Cada equipo puede tener tres, cuatro o cinco lanzamientos.

En caso de empate, hay ronda de penaltis. Cada equipo tiene un número determinado de lanzamientos. Sólo el portero puede defender la portería. El equipo que más goles marque gana.

Mantenerse sano y en forma

El fútbol puede ser un ejercicio duro. Calienta los músculos siempre antes de jugar. El calentamiento hace que tus músculos sean más elásticos de tal forma que trabajan con más facilidad. Si no calientas, puedes producirte un tirón o lesionarte.

Calentar

Empieza a calentar caminando rápido por el campo. Después, prueba con un trote ligero. Balancea los brazos mientras trotas. Al cabo de unos minutos, realiza los demás ejercicios que aquí se muestran.

Comienza trotando hacia delante.

Da media vuelta.

Y trota de espaldas hacia atrás.

Círculos con los tobillos

Realiza este ejercicio con ambos pies.

Levanta un pie del suelo. Dibuja un círculo en el aire con los dedos, primero en una dirección y después en otra.

Estiramiento de pantorrillas

Mantén recta la pierna atrasada.

Debes sentir un estiramiento justo aquí.

Los dos pies deben apuntar hacia delante.

Mantén los dos talones pegados al suelo.

Coloca un pie detrás de ti. Dobla la otra pierna hasta que notes que se te estira la pantorrilla. Cuenta hasta ocho, luego cambia de pierna.

Estiramiento de ingles

Estira siempre con suavidad.

Con este ejercicio estiras los músculos de la parte alta de la pierna.

Los talones deben estar pegados al suelo.

Colócate de pie con los pies muy separados y dobla una rodilla. Mantén esta postura unos segundos, después cambia de pierna.